Gedanken für die Seele

Gedanken für die Seele

Bibliografische Information der Deutschen Nationalbibliothek:

Die Deutsche Nationalbibliothek verzeichnet diese Publikation in der Deutschen Nationalbibliografie; detaillierte bibliografische Daten sind im Internet über http://dnb.dnb.de abrufbar.

Autorin:
Gertrud Hörr

Korrektorat:
Autorenclub Donau-Ries

Herstellung und Verlag:
BoD – Books on Demand, Norderstedt

ISBN:
9783754309100

Inhaltsverzeichnis

Ein kurzes Vorwort

Liebe Leserin, lieber Leser,

ich wünsche mir, dass für jeden etwas Passendes zu finden ist.

Viel Spaß beim Lesen wünscht Die Autorin

Besinnliches

Der Herr will führen, lenken, leiten,
durch den Alltag dich begleiten;
sag dafür Dank an jedem Tag,
den dir der Herr noch schenken mag.

Sei mit dir selbst zufrieden,
so ehrst du unsern Gott
ER ist in unserer Mitten
und hilft aus aller Not.

Weil der Herr Jesus Christ
mein Rettungsanker ist
sollte täglich ich aufs Neue
danken IHM für seine Treue.

Der Herr, dein Gott er führe dich
auf allen deinen Wegen
ER sei in Dunkelheit dein Licht
und fülle dich mit Segen.

Denke, wenn die Last dich drückt,
die dir wird auferlegt
der Herr dir stets auch Hilfe schickt,
wenn du bittest im Gebet.

Wenn auch manche Sorgen der Alltag dir bringt,
lass den Herren sorgen, dass alles gelingt
was du für dein Leben notwendig hast,
denn wir sind auf dieser Erde alle nur Gast.

Können wir es oft nicht fassen,
verstehen manche Wege nicht,
der HERR wird uns doch nicht verlassen,
ER hält doch stets, was ER verspricht.

Gottes Wort ist eine Kraft
denen die da glauben
und wer solchen Glauben hat
lass diesen sich nicht rauben

Herr, gib Weisheit du auch mir
wie du sie Salomo gegeben,
dass ich diene täglich dir
und übergebe dir mein Leben.

Gott hat die Macht im Himmel und auf Erden
was ER befiehlt, wird alsbald auch so werden
wenn auch der Satan hat viel Macht
der HERR jedoch die Allmacht hat.

Was Jesus hat verheißen
wird in Erfüllung gehen
wir dürfen IHN stets preisen
und gläubig auf IHN sehn.

Wenn morgens früh die Sonn´ aufgeht
wie Feuer dort am Himmel steht
weiß ich, das kann nur DER so machen,
DER Erd und Himmel hat erschaffen.

Mit großer Macht und Herrlichkeit
wird einst der Herr erscheinen,
dass ER auf Erden weit und breit
führe heim die Seinen.

Im Gebet kann man so manches Mal
abladen Not und Müh' und Qual,
dass das Gemüt wird wieder heiter
mit neuer Kraft und Geduld geht´s weiter.

Egal ob Täler oder Höhen
egal ob Flüsse oder Seen
ob Sommer, Winter, Tag und Nacht
Gott hat alles gut gemacht.

Die Jünger Jesu fragten einst,
wer wohl der Größte wäre.
Bis Jesus nahm ein Kind so klein
und sagt: „So muss der werden,
der will in Gottes Reich eingehen
und mit mir den Vater sehen."

Bleib standhaft beim Sturm
und geht's auch nach unten,
mit Gott bleibst du Sieger,
auch in den schwierigsten Stunden.

Wenn Gottes Wort das Herz ergreift
und dann noch die Erkenntnis reift
ohne Jesus geht es nicht
ER führt uns zum Lebenslicht
dann hat man erst recht erkannt
Jesus führt ins Vaterland.

Wenn manchmal auch die Last wird schwer,
die dich im Alltag drückt,
wend' im Gebet dich an den Herrn
weil er die Kraft dir schickt.

Das darfst du nie vergessen
in allen Lebenslagen
was er uns zugemessen
das hilft er uns auch tragen.

Alle Schönheit dieser Erden
wird einmal vergeh'n
doch Gottes große Liebe
bleibt ewiglich besteh'n.

Die Wolken zieh'n am Firmament,
wo ist der Anfang, wo das End´?
Man kann es nirgends sehen.
Sie ziehen hin, sie ziehen her,
über Land und über Meer
und niemand kann dran drehen.
Nur Gott, der über allem steht
der weiß, wohin jede einzelne geht.

Der Heilige Geist ist unsichtbar,
doch er kann sichtbar werden
mit jeder noch so kleinen Tat,
die Gutes tust du hier auf Erden.
Drum lass dich täglich von IHM leiten
ER will auf allen Wegen dich begleiten.

Herr führe täglich mich durchs Land
wie du mich haben willst,
denn aus deiner reichen Hand
stets neuer Segen quillt.

So will ich stets mutig zieh'n
jeden Tag aufs Neu.
Ob Freude, Leiden oder Müh'n
mein Begleiter sei.

Also halte über mich HERR täglich deine Hand
bis durch deine Liebe, ich geh' heim ins Vaterland.

Jesus, du mein Heiland,
mache meine Seele rein,
dass ich hab' vor Gott Bestand
und mach kindlich mich und klein.

Zeige du mir meinen Weg,
den ich täglich hier soll gehen,
nimm du alle Schuld mir weg,
bis ich kann den Vater sehen.

Nun so will ich hier auf Erden,
folgen deinem heiligen Wort.
Lass täglich mich zum Zeugnis werden,
durch mein Leben hier und dort.

Wer gebaut sein Lebenshaus
auf den Herrn, den Fels,
und wer im Leben Gott vertraut,
weiß, dass ER die Seinen hält.

Doch wer gebaut auf Gut und Geld,
wird gar bald es merken,
alle Güter dieser Welt,
können in der Not nicht stärken.

Darum hilft doch nur das eine,
schließe Jesus in dein Herz,
denn nur ER, er ganz alleine,
kann heilen alle Not und Schmerz.

Gott hat mich geschaffen,
so wie ich hier bin.
Er kann alles machen —
ich darf vertrauen blind.

Er ist HERR und Schöpfer
über alle Welt,
zu ihm darf ich kommen,
auch ohne Gut und Geld.

Er hat für mich getragen
zum Kreuze Last und Sünd'
Ich muss nicht verzagen,
ich bin ja Gottes Kind.

Nur wenn wir in der Vergebung leben,
so wird Gott auch uns vergeben.
Siebenmal siebzigmal, so spricht der Herr,
vergib deinem Nächsten,
wenn´s sein muss auch mehr.

Wenn ich bedenk', mit welcher Bürde
ich vor dem HERRN einst stehen würde, könnt'
ich dem Nächsten nicht vergeben,
es wär ein hoffnungsloses Leben.

Das Leben wird auf dieser Erden
schon um vieles leichter werden,
wenn man mit Gottes Hilfe kann
dem Nächsten vergeben, was er getan.

Auch ich mache Fehler und bin froh,
wenn ein anderer denkt ebenso.
Doch Grund genug, GOTT wird vergeben,
wenn wir in der Vergebung leben.

Ein jeder Tag bringt neue Freud´
ein jeder Tag bringt neues Leid,
und weil das täglich neu so ist,
drum halte dich an Jesus Christ.

Nur er kann täglich dich berühren,
täglich auf dem Weg dich führen,
der dir hier verordnet ist,
drum halte dich an Jesus Christ.

Und ist der Weg auch manchmal schwer
und plagen dich oft Leiden sehr,
ein Helfer täglich bei dir ist
wenn du dich hältst an Jesus Christ.

Das Leiden wird dann uns genommen,
doch doppelt groß die Freude ist,
wenn wir erst mal dort angekommen,
wo Herrscher ist Herr Jesus Christ.

Biblisches

David und Goliath

Goliath war ein riesiger Mann,
so trat keiner gegen die Philister an,
denn jeder wusste, Goliath würde siegen –
und die Israeliten unterliegen.

Doch David wusste, Gott ist sein Begleiter
mit IHM würde er auch Sieger sein.
Als Waffe reichte ihm eine Schleuder –
als Munition ein Kieselstein.

So schoss er kühn den Riesen nieder –
schlug in die Flucht das Philister Heer.
Die Israeliten hatten Frieden wieder –
denn mit David war GOTT, unser HERR.

1. Samuel 17,49

Die Jünger Jesu mit dem Namen
Petrus und Johannes kamen
in den Tempel einzutreten,
denn sie wollten Gott anbeten.

Sie trafen dort auf einen Mann,
der war von Geburt schon lahm,
er saß vor des Tempels Tür
und bettelte um Gaben hier.

Doch Petrus der sprach zu ihm:
„Geld und Gut in diesem Sinn
hab ich nicht. Doch was ich hab –
das ist eine reiche Gab'."

„Im Namen Jesu tu ich kund –
stehe auf und sei gesund."
Alsbald stand der Lahme dort
und lief mit den Jüngern fort.

Um auch im Tempel anzubeten
Jesus Ruhm und Ehr zu geben,
danken für sein großes Heil,
das ihm wurde dort zuteil.

Apostelgeschichte 3,6

In bunten Farben leuchtet weit
ein schöner Regenbogen,
als die Sonne sich dort zeigt
und der Regen wieder abgezogen.

Der Herr sprach schon zu Noah dort:
„Sieh den Friedensbogen leuchten,
er sei ein Zeichen immerfort,
dass ich nie von euch will weichen."

Ich zeige diesen Bogen immer
zwischen Wolken und der Erde,
er soll euch sagen, dass nun nimmer
die Menschheit durch Sintflut gestrafet werde.

So benehmt euch nun fortan
wie Gott es vorgeschrieben –
seid eurem Herren untertan
ihr sollt euch und Ihn stets lieben.

1. Mose 9,13

Als Jesus und seine Jünger nach Bethanien kamen,
machten sie des Öfteren Rast
bei den Schwestern Maria und Martha mit Namen
waren sie gerne als Gast.

Wenn Jesus dann predigte das Wort,
saß Maria gern bei den Leuten dort,
sie wollte auch hören, was Jesus sagte,
während Martha sich in der Küche plagte.

Da sprach sie zu Jesus, schau nur her,
ich bemühe mich gar sehr –
schick doch du Maria mir zur Seite,
dass die das Essen mir helfe bereiten.

Doch Jesus machte ihr da klar,
so wichtig ihre Mühe und Arbeit auch war,
Maria erwählte das bessere Teil,
welches führet zum ewigen Heil.

Lukas 10,40

Lot

Eines Tages sprach zu Lot
unser Herr und unser Gott:
„Nimm deine Familie und gehe fort
aus diesem schlimmen Sündenort –
ich lass Feuer vom Himmel fallen,
Sodom und Gomorra in Asche zerfallen.
Schau nur vorwärts, nicht nach hinten,
nur so wirst du Frieden finden.

Lot gehorchte und zog fort,
hörte auf des Herren Wort;
doch seine Frau ganz plötzlich stand –
zur Salzsäule im weiten Land
war sie erstarrt, weil sie aus Neugier
umgeschaut, was hinter ihr.
Lot hat nicht zurückgeblickt –
Darum ist ihm die Flucht geglückt.

1. Mose 19,24 und 26

Nebukadnezar (Daniel 3,26)

Nebukadnezar der König von Babel hieß,
der ein großes Denkmal erbauen ließ.
Er verlangte, dass bei dem Klang der Trompeten
alle sollten sein Bild anbeten.

Doch die drei Männer mit dem Namen
Sadrach, Mesach und Abed-Nego kamen nicht,
der Statue Ehre zu geben –
sie wollten einzig Gott anbeten.

Der König wollte sie strafen dafür,
ließ öffnen die schwere Ofentür –
die drei wurden geworfen ins große Feuer,
nach Menschen ermessen doch ungeheuer.

Doch der große Gott hat sie beschützt –
sie haben wohl nicht einmal geschwitzt,
denn sie wussten, sie sind in Gottes Hand,
das hat dann auch Nebukadnezar erkannt.

So hieß er sie aus dem Ofen treten
und befahl allen, deren Gott anzubeten
nur IHM allein gebührt die Ehre –
das Geschehene war eine gewaltige Lehre.

Paulus

Als Paulus in Athen einst war
er viele Statuen dort sah
auf einem Altar da konnte er lesen –
dem unbekannten Gott ist er erbauet gewesen.

Da sprach er zu diesen Leuten dort
ich erzähle euch was von Gottes Wort
ich spreche zu euch von Jesus Christ,
der Gottes Sohn gewesen ist.

Der am Kreuze gelassen sein Leben,
um für alle den Weg in den Himmel zu ebnen,
welche da glauben an sein Wort
und was da geschehen auf Golgatha dort,
dass Jesus auferstand nach dreien Tagen,
und später zum Himmel ist aufgefahren.

Viele haben nur darüber gelacht,
manche jedoch haben nachgedacht
haben sein Wort auch angenommen
und sind gar bald zum Glauben gekommen.

So geht es auch heute fast überall,
die Spötter sind eine große Zahl,
die Gläubigen ernten hier oft nur Hohn,
doch einst im Himmel ist ihr Lohn.

Apostelgesch. 17,23

Hiob

Hiob war ein reicher Mann
und betete Gott, den Vater an.
Doch Satan sprach gar bald zu Gott
schick Hiob nur mal eine Not
und sehr schnell wirst du es fassen
Hiob wird von dir ablassen.

Gott der Herr, der sprach zum Satan:
„Taste nicht sein Leben an,
doch sonst hast du die freie Wahl,
prüfe Hiob ruhig einmal."

So verlor Hiob seine Kinder,
auch die Schafe und die Rinder,
aller Reichtum war dahin,
auch schwere Krankheit plagte ihn.

Als Hiob dann im Staube lag –
auch seine Frau noch zu ihm sprach:
„Sag deinem Gott doch endlich ab,
du Armer bist doch schon ganz matt."
Hat Hiob ohne Zweifel doch
zu Gott dem Herrn gebetet noch.

Gott sah diesen festen Glauben,
Satan konnte ihn nicht rauben.
Hiob wurde für die Treue
gewaltig da beschenkt aufs Neue,
bekam zurück von Gott die Kinder,
Schafe, Ziegen und auch Rinder.

Auch heut möchte Satan uns den Glauben
an unseren Herrn Jesus rauben,
doch wer wie Hiob einst in Not
die Treue hält und glaubt an Gott
hilft ER, solang man auf Erden wohnt
und wird in der Ewigkeit dafür belohnt.

Hiob 2,5-6

Jona

Gott sprach zu Jona: „Geh,
zieh in die Stadt nach Ninive –
und sag den Leuten dieser Stadt
der Herr hat eure Sünden satt.
In vierzig Tagen soll untergehen
Ninive und nicht weiter bestehen."

Doch Jona wollte nicht dorthin,
er wollte Gottes Wort entflieh'n,
hat sich auf einem Schiff versteckt,
doch Gott hat ihn schon längst entdeckt.

Ein schwerer Sturm peitscht hin und her,
große Wellen schlug das Meer.
Den Leuten wurde angst und bange –
sie dachten bei sich, ach wie lange
hält unser Schiff dem allem stand,
wir haben weit bis an das Land?

Und in dieser großen Not
sprach Jona: „Ich bin geflohen vor Gott,
werft mich ins wilde Meer hinaus
und alsbald hört das Stürmen auf."

Da kam ein Wal herbeigeschwommen,
hat Jona in den Bauch genommen –
und nach drei Tagen unversehrt,
ihm wieder Tageslicht beschert.

Da sprach erneut der Herr zu ihm:
„Geh nach Ninive dorthin –
und tu was ich dir aufgetragen,
ohne dabei zu verzagen."

Jona tat wie ihm gesagt –
und als er in die Stadt eintrat
rief er laut Ihr werdet seh'n –
in vierzig Tagen wird Ninive untergeh'n.
Er zweifelte jedoch und sehr matt
suchte er Schatten am Rande der Stadt.

Der König rief die Menschen herbei:
„Tut Buße sofort und fastet dabei,
betet und hofft, dass Gott es erhört
und unsere Stadt doch nicht zerstört."

Die Leute folgten dem König nun
im Sack und in der Asche Buße zu tun,
und wirklich, Gott sah die echte Reue sofort
und zeigte seine Gnade in Ninive dort.

Ließ diese Stadt nicht untergeh'n
und alle konnte fortbesteh'n.

So will er heut noch uns verzeihen,
wenn unsere Sünden wir bereuen –
und von Herzen uns bekehren
Jesus nur und Gott verehren.

Jona 1,1-2

Petrus

Der Herr hat zu Petrus dort geredet –
siehe ich habe für dich gebetet,
dein Glaube solle nicht aufhören
und wenn du dich einst wirst bekehren,
sollst du auch deine Brüder stärken,
denn Satan ist stark, das musst du dir merken.

Doch Petrus mit dem Mund sehr mutig war,
er meinte gleich er würde gar
in jedem Fall zu Jesus stehen,
sogar mit in den Tod für ihn gehen.

Jesus sprach zu ihm jedoch dann,
der Hahn fängt nicht zu krähen an –
bis du dreimal verleugnet mich
und sagst dort, du kennst mich nicht.

In des Hohenpriesters Haus
wurde Jesus dann, o Graus –
erst verhört, gequält, verachtet,
als Verbrecher so betrachtet.

Die Leute dort ein Feuer machten,
das Spektakel zu betrachten –
da stellte Petrus auch sich hin
bis eine Frau sprach dann zu ihm –
ob er nicht mit Jesus gewesen sei.
Doch Petrus rief ganz schnell: „Nein!"

Noch zweimal machte er es so und dann
krähte dort auch schon der Hahn.
Da wurde Petrus erst bewusst,
was Jesus vorher schon gewusst –
beschämt sah er zu Jesus auf
und ging weinend dann hinaus.

Lukas 22,56-57

Saulus – Paulus

Als Saulus lernte er das Wort
in Gamaliels Schule in Tarsus dort.
Die Christen mussten Acht nun geben,
denn Saulus wollte an ihr Leben.

Und als er nach Damaskus zog
sein Hass auf Christen überwog,
ein Heer von Kriegern ihn begleitet,
als Jesus in den Weg ihm schreitet.

„Bis hierher", sprach er: „Und weiter nicht",
und nahm ihm weg das Augenlicht.
Des Saulus Angst war riesengroß
er fragte: „Herr, wer bist du bloß?"

Die Antwort war: „Jesus von Nazareth,
den du verfolgst auf deinem Weg" –
und alsbald wurde er bekehret
hat Jesus Christus nun verehret.

Und predigte das Wort des Herrn
allen Menschen nah und fern,
dass Gott ihn dort mit viel Bedacht
zu seinem Werkzeug hat gemacht.

Nahm auf sich viele Müh und Reisen
die Heiden auch drauf hinzuweisen,
dass Jesus für uns hat gestritten
und am Kreuze viel gelitten.

Wie er nach der Auferstehung gar
sich zeigte einer großen Schar.
Wie er zum Himmel aufgefahren ist
und zu des Vaters Rechten sitzt.

Also sollten mit Verlangen
wir Jesus Christus nur anhangen,
denn er hat in der Ewigkeit
einen Platz für uns bereit,
wenn wir wie einst Saulus dort
als Paulus leben fort und fort.

Apostelgesch. 9,3-4

Petrus

Petrus ist zum See gegangen
er wollte, mit den anderen Fische fangen,
doch nach der Fahrt das Netz war leer –
der See gab keine Fische her.

Da stand Jesus an dem Strand
von den Jüngern unerkannt
und sprach: „Werft eure Netze aus –
rechtsum, dort holt ihr Fische raus."

Die Jünger folgten und siehe da
das Netz war voll, zum Zerreißen nah,
da hat Johannes schnell erkannt,
Jesus war's, der am Ufer stand.

Johannes sich zu Petrus dreht,
„der Herr ist's, der am Ufer steht."
Petrus zog rasch sein Hemd sich über
sprang ins Wasser und schwamm rüber.

Die anderen kamen mit den Fischen,
und gleich begann man aufzutischen,
das Feuer nämlich brannte schon –
wohl entfacht von Gottes Sohn.

Die Jünger lud er ein zum Essen
und als sie dann so dagesessen –
dankte ER und brach das Brot
und keiner hatte Hungersnot.

Johannes 21,4

Jesus

Jesus sprach: „Das Wort des Herrn
gleicht gar einem Samenkorn,
wenn es fällt auf Felsenstein,
bringt es keine Früchte ein.

Wenn es zwischen Disteln fällt,
wird überwuchert es gar bald,
trifft es jedoch auf guten Boden,
kann der Sämann das Ergebnis loben.

Gleich so, wenn Gottes Wort verkündet
und keine fleißigen Hörer findet,
es dem Menschen nicht gereicht
für die selige Ewigkeit.

Hört der Mensch auf Gottes Wort
und befolgt es auch sofort,
bringt es Hilfe hier und heut
und nach dem Tod die Seligkeit."

Markus 4,16ff

Paulus und Silas

Paulus und Silas waren im Gefängnis –
ihre Rede von Jesus, wurde ihnen
zum Verhängnis.
Doch weil ihr Glaube hatte alle Macht,
beteten sie mitten in der Nacht.
So wurden durch Gottes unsichtbare Hand
die Gefängnismauern aufgetan.

Als der Aufseher erwachte, erschrak er gar sehr,
er schaute sich um und zog gleich sein Schwert,
doch Paulus konnte verhindern seinen Selbstmord
und rief: „Tu das nicht, wir sind alle vor Ort."
Durch dieses Wunder wurde der Aufseher belehrt
und hat sich alsbald zu Gott bekehrt.

Paulus und Silas aber die beiden,
ließen sich aus dem Gefängnis begleiten.
Von denen, welche haben verursacht,
dass sie unschuldig gefangen in dieser Nacht,
so ließ Gott viele Wunder geschehen –
wir müssen sie nur mit offenen Augen sehen.

Apostelgesch. 16,25-26

Zum Vater hin trat einst ein Sohn
und sprach: „Kannst du denn heute schon
mein Erbe mir ausgeben –
ich möchte doch auch was erleben."

Dann zog er in die Welt hinaus,
gab Geld mit vollen Händen aus,
hatte viele Freunde – und Spaß gar sehr,
bis irgendwann das Geld war leer.

Doch wenn´s dann aus ist mit dem Geld
ist oft aus die Freundschaft dieser Welt.
Hungrig diente er als Schweinehirt,
bis sein Elend ihn heim zum Vater führt.

Sein Vater nahm ihn freudig auf,
bereitete ein großes Fest.
So lädt uns Gott auch in sein Haus
und hält uns bei der Hand ganz fest,
wenn wir uns hin zu Jesus kehren
und ihn als unseren Retter ehren.

Lukas 15,12ff

Maria und Josef

Josef war in Nazareth zu Haus –
er suchte sich Maria aus,
dass er zu seiner Frau sie nahm.
Da hatte er noch nicht geahnt,
dass ihr der Heilige Geist begegnet
und sie mit einem Kind gesegnet.

Als er merkte sie erwartet ein Kind –
da dachte er bei sich geschwind,
ich werde sie alsbald verlassen.
Denn er konnte es nicht fassen,
dass sie ihn einfach hintergangen
und was Übles angefangen.

Doch ein Engel ihm erschien
und sprach: „Geh zu Maria hin,
denn sie hat dich nicht betrogen
und ganz gewiss nicht angelogen.
Sie wurde von Gott auserkoren,
ein Knabe werde euch geboren –
das Kind in ihrem Leibe ist
Gottes Sohn, der Jesus Christ."

Zwei Jünger Jesu waren einst
auf dem Weg nach Emmaus –
sie haben sicher viel geweint,
denn die Trauer war sehr groß.

Der auferstandene Jesus Christ
gesellte sich zu beiden –
er fragte was der Anlass ist,
der sie so lasse leiden.

Doch sie erkannten IHN nicht mehr
und fragten ihn verwundert,
ob er der Einzige denn wär',
der nicht weiß, was geschehen dort.

Erzählten von der Kreuzigung
des, der die Hoffnung war für sie,
nun sei dahin auch die Erlösung
für das Volk von Israel.

Da legte er ihnen aus das Wort,
erklärte die Bedeutung –
bis sie waren an dem Ort,
der Ziel war ihrer Wanderung.

Weil er von ihnen gehen wollte,
luden sie ihn ein,
dass er bei ihnen essen sollte,
die Dämmerung brach herein.

Als er am Tisch das Brot dann brach
und dankte Gott, dem Herrn,
erkannten sie, dass es Jesus war –
da war ER schon entfernt.

Brannte nicht in uns das Herz,
als er das Wort uns ausgelegt –
verflogen war der große Schmerz,
sie waren freudig aufgeregt.

Sofort sind sie zurückgeeilt,
zu den anderen Jüngern nach Jerusalem;
brachten ihnen also gleich
die Botschaft vom auferstandenen Herrn.

Die Erlösung war vollbracht –
riesengroß der Jünger Freude,
die Auferstehung in der Osternacht
bringt auch uns noch Frieden heute.

Lukas 24,15-16

Am Teich Bethesda lag ein Mann,
er war schon viele Jahre krank –
Jesus fragte ihn daher,
ob er auch gern geheilet wär.

„Wie sollt ich?", sprach der Kranke gleich,
„niemand bringt mich hin zum Teich,
und bis ich selber komm dahin,
ist ein anderer vor mir drin."

Da sprach Jesus: „Stehe auf,
nimm dein Bett und geh nach Haus."
Alsbald war der Kranke heil
und ging vom Lager dort in Eil.

Die Pharisäer aber fragten,
warum er tät sein Bett denn tragen,
das wär doch nicht erlaubt am Sabbat,
doch der Geheilte sprach:
„Das hat mir der EINE angeschafft,
der mich von Krankheit heil gemacht."

Da wollten sie gleich von ihm wissen,
wie der Mann denn also hieße –
doch er konnte es nicht sagen
und hat sein Bett nach Haus getragen.

Als Jesus ihn später im Tempel sah,
ER sogleich auch zu ihm sprach:
„Sündige hinfort nicht mehr,
sonst trifft dich ein Leid gar sehr."

Da sagte der Mann, dass Jesus es sei,
der ihn heilte von seinem Leid.
Da haben die Pharisäer ihn noch mehr
verachtet
und erst recht nach seinem Leben
getrachtet.

So ist es Jesus ergangen gar oft,
die einen haben auf Hilfe gehofft,
die anderen hatten nur Spott zu bieten,
und so ist es bis heute geblieben.

Johannes 5,6ff

Gott war immer und Gott ist Geist
Gott ist Liebe, wie im Wort es schon heißt,
durch sein Allmächtiges „ES WERDE"
schuf ER Himmel, schuf ER Erde.
Und dann nach der fünften Nacht,
hat ER die ersten Menschen gemacht.
Wie uns allen wohl bekannt,
hat Er sie Adam und Eva genannt.

Gott sprach: Ihr habt hier ein schönes Leben
ich hab euch gemacht als mein Abbild eben,
nur vor dieser einen Frucht
esset nicht, sonst seid ihr verflucht.
Da lebten die beiden im Garten so schön,
das hat auch der Satan gesehen,
er verführte sie, von der Frucht zu naschen,
vom Baum der Erkenntnis, einen Biss zu
erhaschen.

Alsbald hat sich ihr Gewissen geregt,
sie haben sich vor Gott versteckt.
Doch weil der Herr sein Wort nie brach,
hat er sie aus dem Paradiese verjagt,
damit war die Sünde geboren,
und alle Menschheit wäre verloren,
weil aber Gott die LIEBE ist,
ER die Seinen nicht vergisst.

Weil Gott befiehlt im Himmel und auf Erden,
in Seiner Macht steht, was alles sollte werden
Drum war sein Plan auch fertig schon,
und ER sandte seinen Sohn,
Jesus Christus auf die Erde,
dass ER unser Retter werde,
wenn wir nur gläubig Ihm vertrauen
und auf Ihn als Mittler bauen.

Darius

Darius der König hieß,
der einstens ein Gesetz erließ,
wer was erbittet – nicht von ihm –
den werfe man den Löwen hin.

Dies wünschten seine Untergebenen,
denn sie hörten Daniel beten
und sie hegten großen Groll
wegen Daniels Erfolg.

Also traten sie vor den König hin
und sprachen sogleich listig zu ihm:
„Daniel betet täglich zu seinem Gott
und hat des Königs Gesetz nicht befolgt."

Da ward Daniel geworfen den Löwen hin,
doch Gottes Hand beschützte ihn.
So blieb Daniel unversehrt,
weil er stets den Herrn verehrt.

Der König bereute sein Gesetz gar sehr,
er dachte an Daniel und sein Herz ward schwer,
die ganze Nacht tat er kein Auge zu,
er fand einfach keine Ruh.

Als er dann des Morgens sah,
dass Daniel gesund und munter war,
befahl er den Kriegern allzugleich,
Daniel herauszubringen in sein Reich.

So hatte der König also gespürt,
dass allein diesem Gott die Ehre gebührt,
nur ER allein sei anzubeten,
Daniel durfte in Frieden leben.

Daniel 6,8 und 10

Elia

Elia zum König von Gilead sprach:
„Es wird nicht mehr regnen, bis ich es sag."
Da teilte der Herr dem Elia noch mit –
flieh nach Osten bis zum Bache Krit,
da werden Vögel dich verpflegen,
denn du stehst unter meinem Segen.

Elia tat, wie ihm befohlen –
überquerte den Jordan und zog nach Osten,
ließ sich nieder dort am Bach,
genau wie Gott es ihm gesagt,
die Raben brachten ihm das Brot,
Elia hatte keine Not.

Und als der Bach vertrocknet dann,
wies ihn der Herr aufs Neue an,
in Zarpat eine Witwe lebt,
mach dich auf und dorthin geh,
denn ich hab ihr aufgetragen
dich zu versorgen, du musst nicht verzagen.

Elia hörte auf des Herren Rat,
und als er vor die Witwe trat
und erbat etwas von ihrer Speise –

meinte sie, dass es nicht reiche,
sie müsste mit ihrem Sohn nun sterben bald
denn es reiche nur noch für dieses Mahl.

Doch Elia sprach zu ihr:
„Höre nur, ich sage dir,
es wird nicht leer dein Krug mit Öl,
und auch nicht dein Topf mit Mehl,
wenn du tust, wie ich dir sag
und erst für mich ein Brötchen backst."

Weil die Witwe auf ihn hörte,
und täglich den Propheten nährte,
tat Gott ihr auch, wie ER versprochen,
denn nie hat ER sein Wort gebrochen,
trotz der großen Hungersnot
waren sie versorgt,
weil sie vertrauten auf Gott.

1. Könige 17,2-4 / 1. Könige 17,9

Noah

Der Herr sprach einstens Noah an
ich sag dir baue einen Kahn
nach den Maßen die ich sage
und vertrau mir ohne Frage.

Noah tat wie ihm befohlen
fing alsbald an, das Holz zu holen,
baute die Arche nach Gottes Geheiß,
arbeitete daran mit Mühe und Fleiß.

Die Leute um ihn spotteten nur
und meinten von Regen sei keine Spur,
doch Noah setzte seine Arbeit fort,
er vertraute Gottes Wort.

Dann sprach der Herr: „Ich sage dir,
nimm nun ein Paar von jedem Tier –
sei so der Nachwelt du ein Retter,
denn es wird ein arges Wetter.

Nimm nun auch noch deine Frau,
Söhne und deren Frauen auch –
steiget ein und hinter dir
schließe ich dann selbst die Tür."

Kaum hatte Gott verschlossen den Kahn,
da fing es auch schon zu regnen an,
da erkannte das Volk, doch viel zu spät,
dass Gott sich nicht verspotten lässt.

So sehr sie auch weinten, schrien und fluchten,
für sie gabs keine Rettung aus den Fluten,
es regnete vierzig Tage lang,
dass alles in den Fluten ertrank.

Deshalb sag ich´s allen Leut´
hört auf Gottes Worte heut´
nicht, dass es manchen auch so geht,
denn irgendwann ist es zu spät.

1. Mose 6,14-15ff

Des Lebens Lauf

Zwei Hochzeitsgedichte

Entschlossene Leute – Mann und Frau
die haben sich getraut –
sie gingen hin zum Standesamt
als Bräutigam und Braut.

Sie traten vor den Traualtar
und als man sie gefragt,
sagten sie zueinander „Ja"
und sind jetzt ein „Ehepaar".

Jung vermählt und frisch verliebt
seid ihr glücklich heut –
wir wünschen Euch, dass ungetrübt
bleibt Eure gemeinsame Zeit.

Ihr habt Euch gefunden
und habt Euch gefreit,
dass an Euren Stunden
Ihr Euch gemeinsam erfreut.

Ich denk, Ihr wisst, dass Gott es war,
der Euch zusammenführte,
weil auch seither Jahr für Jahr
ER Euch so treu regierte.

Weil Ihr doch so frisch verliebt
und glücklich seid auch heut,
wünschen wir, dass ungetrübt
bleibt Eure Zweisamkeit.

Und sollt es doch mal anders sein,
dann denket stets daran –
Herr Jesus hilft tagaus, tagein,
ruft Ihr IHN gläubig an.

So handelt stets nach seinem Wort,
haltet immer zueinander
und habt Euch lieb – mit einem Wort
geht durchs Leben „miteinander".

Ein neuer Erdenbürger

Ein neuer Gast auf dieser Erden,
durfte Eure Tochter werden.
Nehmt's als Geschenk von Gott, dem Herrn,
und habt sie immer herzlich gern.

Wenn sie auch so manche Nacht
Euch um Euren Schlaf gebracht,
ein Kinderlachen ist doch letztlich
für liebende Eltern unersetzlich.

Darum wünschen wir Euch heut
mit Eurer Kleinen noch viel Freud,
liebet sie in Glück und Leid,
denn alles hier hat seine Zeit!

Zur Geburt eines Kindes

Jedes Kind ist ein Geschenk
Ein kleines Wunder, drum bedenkt:
Der Herr hat euch nun auserwählt
weil er auf euch als Eltern zählt.
So fand nun der kleine Schatz,
bei euch als Familie seinen Platz.

Neue Freuden, neue Sorgen
jeden Abend, jeden Morgen –
bringt so ein kleines Wesen mit.

Neues Weinen, neues Lachen,
und noch manche andre Sachen –
bringt so ein kleines Mädchen mit.

Bei aller Freud, bei allen Sorgen
jeden Abend, jeden Morgen –
wird so ein kleines Kind geliebt.

Bei allem Weinen, allem Lachen
und trotz mancher andrer Sachen
habt ihr das kleine Mädchen lieb.

(Mädchen kann auch durch Junge ersetzt werden.)

Zur Goldenen Hochzeit

Fünfzig Jahre Ehezeit –
durch dick und dünn, in Freud und Leid,
nicht bei jedem Streit sich trennen
und beleidigt fortzurennen.

Das ist es, was die Ehe macht
und so ist es auch gedacht,
so ist es uns im Wort gegeben,
wohl dem, der danach auch tut leben.

Und gab es auch mal schwere Zeiten,
die lassen sich doch nie vermeiden –
da ist es immer gut zu wissen,
ohne Jesus wären wir aufgeschmissen.

Nun, so wünschen wir Euch heut
zum Jubiläum noch viel Freud.
Liebet Euch in Glück und Leid,
denn alles hier hat seine Zeit.

Der Rentner

Die Frau fragt freundlich ihren Mann:
„Wann treten wir mal 'ne Reise an?"

„Wenn ich einmal in Rente bin
schmeiß ich den ganzen Krempel hin –
wir reisen um die halbe Welt
und leben gut vom hart verdienten Geld.
Als Rentner, da hab ich dann Zeit,
zu besuchen die Freunde weit und breit.
Wir machen Urlaub hier und dort
und stets an einem andern Ort.
Das Rentnerleben ist doch schön
man muss nicht mehr zur Arbeit gehen."

Nun kommt der letzte Arbeitstag –
„Er" gerne Abschied nehmen mag.
Bei seinen Kollegen wird er hoch gelobt
mal auch beneidet, um den „neuen Job".
„Unser Rentner, er lebe hoch!!
Am Letzten stimmt das Konto doch!!"

Dem Einkauf kannst du doch jetzt erledigen.
Du hast doch jetzt Zeit,
hört er die Familie predigen.

Auch die Gymnastik darf man nicht versäumen,
man will ja sein Rentnerleben nicht im Sofa
verträumen.
Und so geht es weiter das ganze Jahr,
da wird es „Ihm" erst richtig klar:

Das Rentnerdasein ist nicht leicht,
auch wenn man bis dahin hat vieles erreicht.
Und oftmals die anderen vielleicht belachte
und im Stillen bei sich dachte,
die Rentner haben es doch schön,
können den ganzen Tag spazieren gehen.

Und plötzlich macht sich die Erkenntnis breit:

RENTNER HABEN KEINE ZEIT!!!

Ein Lebensabschnitt geht zu Ende
und ein neuer schließt sich an
Sie gehen wohlverdient „in Rente"
genießen Sie den Ruhestand.

Ein Jeder gehet irgendwann
dem Lebensende zu
dann schenke ihm die „Vaterhand"
die wohlverdiente Ruh.

Ist der Trennungsschmerz auch groß,
wenn Trauer fast zerreißt das Herz,
dann gibt Gott uns auch den Trost,
denn er kennet unsern Schmerz.

Und wenn die Augen leer geweint,
wird die Sonne wieder scheinen
groß wird einst die Freude sein,
wenn Gott vereint die Seinen.

So hat er es uns zugesagt
einst für die Ewigkeit
sind wir jetzt auch oft verzagt
dort gibt es dann kein Leid.

Ein Jeder gehet irgendwann
dem Lebensende zu
dann schenke ihm die „Vaterhand"
die wohlverdiente Ruh.

Ist auch groß der Trennungsschmerz
und Tag und Nacht zum Weinen
schütt´ beim „Vater" aus das Herz
„Er" gibt die Kraft den Seinen.

Und irgendwann wird auch in deinem Herzen
die Sonne wieder scheinen.
Dann sei dir Trost, dass er erlöst von Schmerzen
und Gott wird einst euch wiederum vereinen.

Wir wünschen Kraft zu tragen
den schweren Schicksalsschlag
und dass an allen Tagen
der Herr Sie stützen mag.

Geburtstagsworte

Geburtstag
(Melodie: A,a,a, der Winter der ist da)

Ja, ja, ja, Geburtstag, der ist da
sechzig Jahre sind vergangen,
seit dein Leben angefangen,
ja, ja, ja, Geburtstag, der ist da.

Ne, ne, ne, auch wenn ich's nicht versteh
ruck-zuck, da wird man alt und grau,
ist ganz egal, ob Mann, ob Frau,
ne, ne, ne, auch wenn ich's nicht versteh.

So, so, so, das Leben ist halt so,
Freude, Arbeit, Spaß und Sorgen,
jeden Abend, jeden Morgen,
so, so, so, das Leben ist halt so.

Ja, ja, ja, Geburtstag der ist da.
Gott hat dir geschenkt das Leben,
ihm wir drum die Ehre geben.
Ja, ja, ja, Geburtstag der ist da.

Ja, ja, ja, der Herr ist für dich da.
Ist dir auch mal angst und bange,
Jesus führt dich ohne Mangel,
ja, ja, ja, er ist stets für dich da.

70

Siebzig Jahre – welche Zahl
und es bleibt dir keine Wahl
Jahre vergehen, ob laut oder leise
still mehren sich die Jahreskreise
und ehe du dich recht versiehst
du schon siebzig Jahre bist.

Die Gedanken schweifen so
durch die Lebensjahre irgendwo
wo stehe ich in meinem Leben
darf stets den Blick zum Himmel heben
wenn mich irgendwas bedrückt
oder ich so auf mich blick.

Bin ich alt oder einfach reif
bin ich knackig oder steif
jeder nenn es wie er will
oder wie er sich so fühlt.
Auch ganz egal, ob arm ob reich –
am Ende geht's doch allen gleich.

75

Fünfundsiebzig Jahre
hier auf dieser Welt,
hier auf dieser Welt,
birgt sie auch Gefahren
Jesus stets dich hält.

Auf der Lebensreise
manches dich betrübt,
manches dich betrübt,
doch geht dir zur Seite
Jesus, der dich liebt.

Noch mit Fünfundsiebzig
gibt´s der Sorgen viel,
gibt´s der Sorgen viel,
doch es trägt hindurch dich
Jesus bis zum Ziel.

80

Steht wo 80, dann heißt das:
etwas langsam, weg vom Gas
man sollte etwas kürzertreten
nicht nur von der Arbeit reden.

Das Leben ist noch lebenswert
wenn man auch von Erinnerung zehrt
und sich freut an allen Dingen
die Abwechslung im Alltag bringen
seien sie auch noch so klein
auch kleine Freuden können freu'n.

Ein liebes Wort, ein frohes Lachen
können auch schon glücklich machen –
so wie es kommt, so nimm es hin
alles hat ja seinen Sinn.

Des Lebens allerschönste Seiten
sollen täglich dich begleiten –
im Traum, in Wirklichkeit, in Bildern
die diese 80 Jahre schildern.

Nachdenkliches

Heimat

Heimat – ist ein starkes Wort
es begleitet uns an jedem Ort
Heimat – klingt wie ein Gedicht
Heimat – dich vergisst man nicht
Heimat – an dich denkt man gerne
du leuchtest hell wie tausend Sterne
Heimat – wenn auch sind die Wolken grau
dahinter ist doch der Himmel blau
Heimat –das Wort bleibt immer im Herzen
egal ob bei Freude oder bei Schmerzen
Heimat – dir verdanke ich viel
Doch die Heimat bei Jesu – das ist das Ziel.

In der Ecke, wo Lech und Donau fließen,
wo in den Auwäldern seltene Blumen sprießen,
wo im Sommer der Kuckuck noch ruft,
wo die Lerchen noch trillern in der Luft,
wo die Schwalben noch fleißig
nach Mücken fliegen,
wo die Bienen noch Nektar zum Sammeln kriegen,
wo für Kinder zum Spielen ist noch Platz,
wo von den Dächern noch pfeift der Spatz,
wo man gerne sich noch übern Zaun unterhält,
über manches, was geschieht in der Welt,
wo auch noch der Hase über Felder rennt,
dies Fleckchen Erde
man gern seine Heimat nennt.

Wo ist Heimat

Heimat ist, wo ich geboren bin,
Heimat ist, wo ich gespielt als Kind,
Heimat ist, wo meine Eltern waren
und mir gelehret Gutes und Gefahren.

Heimat ist, wo ich in späteren Jahren
den eignen Kindern lehre die Gefahren,
wo ich auch bei den Nachbarn Freunde find´,
die mir, so wie ich bin, sind wohlgesinnt.

Heimat ist, wo ich in allen Lagen,
sowohl in guten als in trüben Tagen,
bei der Familie mich fühle stets geborgen
und freue mich am Abend auf den
nächsten Morgen.

Heimat ist, wo ich auf dieser Erde
nur meinem Jesus immer nahe bin –
und stets von IHM geführet werde
bis zum Ziel, zur „Ewigen Heimat" hin.

Ein kurzes Portrait zur Autorin
Gertrud Hörr

Gertrud Hörr wurde 1954 in Heissesheim als siebtes von acht Kindern geboren. Sie besuchte die Volksschule in Heissesheim, in Mertingen und die 9. Klasse in Asbach-Bäumenheim.

Während der anschließenden Bürotätigkeit besuchte sie zwei Jahre die Abendschule der BAS und anschließend ein Jahr in Vollzeit. Nach Abschluss mit Fachschulreife arbeitete sie in selbstständiger Verantwortung in einem Betrieb als alleinige Bürokraft.

Sie war 41 Jahre verheiratet, seit 2017 verwitwet und hat zwei Söhne. Über zehn Jahre begleitete sie im Ehrenamt pflegebedürftige und demenzkranke Senioren, um den Angehörigen ein paar freie Stunden zu ermöglichen. Das Schreiben ist schon viele Jahre ein Hobby.

Weitere Bücher der Autorin:

Gedanken aus dem Alltag:

ISBN: 9783754309117

Kleine Geschichten und Märchen

ISBN: 9783754309087

Kindheit auf dem Bauernhof:

ISBN: 9783754309094